Découvrez l'histoire par les archives de presse

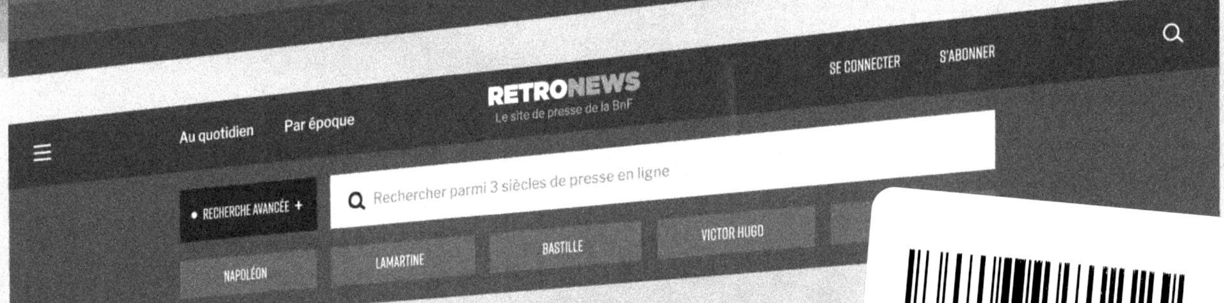

RETRONEWS
Le site de presse de la BnF

www.retronews.fr

L'EUROPE ORIENTALE

Les Préfaces nécessaires

Il faut avouer qu'il y a des socialistes, même en France, aux yeux de qui le principe des nationalités est suspect. On a beau l'appeler « droit des peuples à disposer d'eux-mêmes », ils se méfient, ils font des réserves, ils prodiguent les avertissements.

Relisez plutôt la résolution présentée à Lucerne par nos ex-minoritaires. Avec quelle avarice ils mesurent le vent aux petites barques qui veulent voguer d'elles-mêmes !

Ils rappellent aux nations qui s'efforcent de se reconstituer ou de se constituer, qu'elles sont incapables de se suffire. Ils leur recommandent la prudence, la sagesse, la modération. Bref, ils donnent l'impression qu'ils considèrent comme une survivance anachronique, un principe jadis sacro-saint, et comme des gêneurs tous ceux — Lituaniens ou Lettons, Ukrainiens ou Arméniens — qui s'obstinent à poser comme première condition d'une paix durable leur droit à s'organiser en nations libres.

Que penser de cette attitude ? Faut-il donc croire que les sentiments nationaux n'ont plus rien à faire dans l'histoire, maintenant que le socialisme est né? Faut-il donc, sur l'autel de la tradition marxiste, brûler cette tradition française qui s'appelle l'amour des nations opprimées?

Elle vivait, cette tradition, au cœur de nos ancêtres de 48 comme au cœur de ceux de 93. Elle faisait vibrer, jusque sous l'Empire, les cercles républicains socialistes. Nos ouvriers révolutionnaires révéraient les portraits des Garibaldi, des Kossuth, des Myzkiewicz. Les preuves en abondent dans le livre récent de Tchernoff, *Les nations et la Société des nations dans la politique moderne* (Alcan). Culte désuet? Politique « bourgeoise »? Cela crève les yeux, pensent nos gens : nous savons aujourd'hui que les vrais antagonismes, les seuls qui comptent, sont les antagonismes de classes; les seules luttes fondées sont des luttes d'intérêts; les formes d'oppression essentielles tiennent toute à ce fait central, caractéristique de notre époque industrielle : la détention des moyens de production par une minorité.

Nous n'entendons pas discuter ici ces thèses en elles-mêmes. Nous accordons qu'elles représentent une bonne part de la réalité d'aujourd'hui. Nous contestons seulement qu'elles contiennent cette réalité tout entière.

Le marxisme est lui aussi une philosophie *abstraite*. Il ne voit, il ne montre qu'un côté des choses. Fidèle à la tradition de l'économie politique classique, dont il s'est incorporé tant d'idées, il néglige, il tient pour négligeables les questions de sentiment. Il semble admettre que l'intérêt seul agrège et désagrège les sociétés. Dans ce système, qui ne parle pas le langage de l'*homo aeconomicus* fait l'effet d'un revenant romantique !

Mais le romantisme, lui aussi, cachait sa part de vérité. La psychologie des peuples ne tient pas toute dans les théories de l'économie politique. Il y a un simplisme matérialiste, qui n'est pas plus « scientifique » que l'autre. Et quelque poids croissant que présente, dans le monde moderne, la domination « capitaliste », une chose est sûre : l'oppression qu'elle engendre ne recouvre pas toutes les formes de l'oppression.

Qu'un patron vous exploite et paye votre travail au-dessous de sa valeur, c'est une souffrance dont naissent mille maux : l'injustice économique est l'un des chancres des sociétés modernes. Mais qu'un étranger vous domine, vous impose sa langue, contrarie vos mœurs, vous gêne enfin dans votre âme même, cela aussi est une souffrance, sentie comme une injustice; cela aussi engendre mille maux; cela aussi suscite et mérite la révolte.

C'est une grande pitié que de voir méconnaître, dans certains milieux avancés de l'Extrême-Occident, la force psychologique et la légitimité historique des sentiments collectifs qui dressent ainsi les peuples contre l'oppression étrangère. Parce qu'on n'en souffre plus dans ces milieux, parce qu'on ne porte plus sur les reins un roi importé, ou des barons, missionnaires d'une *Kultur* supérieure, on semble oublier cette modalité de la souffrance humaine. Et ceux qu'elle fait crier, on a envie, dirait-on, d'étouffer leurs cris comme s'ils se trompaient, comme s'ils ne souffraient qu'en rêve.

Mais la douleur ne trompe pas. Mais les martyrs témoignent. Vous avez beau trouver gênante la persistance de ces sentiments nationaux, que voulez vous ? *ce sont des faits.* Et des faits d'une telle ampleur doivent avoir des raisons profondes.

Pour assurer que les sentiments nationaux ont rempli leur office et fait leur temps, il faut vraiment se crever exprès les yeux, il faut ne rien vouloir comprendre au mouvement de l'histoire. Ces sentiments-là sont une force de libération et d'organisation sans pareille. Et leur rôle, bien loin de décroître, ne peut que croître et embellir au fur et à mesure que l'esprit démocratique fait tache d'huile.

Oui, esprit démocratique et sentiment national marchent de pair. Cela s'est vérifié dans notre propre histoire. Pourquoi cela ne se vérifierait-il pas dans l'histoire des peuples de l'Europe Centrale et Orientale qui suivent de loin nos traces?

Qui dit démocratie, dit croissante possibilité pour la masse elle-même de mettre la main sur les mécanismes gouvernementaux, de communiquer à l'Etat l'impulsion de sa volonté. Pour exercer cette action, la tendance naturelle des peuples est d'utiliser les données de l'histoire. On se ligue avec qui on peut s'entendre. On appelle à la rescousse, comme concitoyens, ceux à qui on se trouve uni par la communauté des mœurs, des aspirations, de la langue, de l'idéal. Et l'on cherche ensemble à se débarrasser, d'abord des tutelles exercées par ceux avec qui on ne se sent rien de commun : les maîtres qui ne sont pas des compatriotes, les supertyrans.

Qu'après cela la démocratie doive logiquement conduire à telle forme de socialisme; que les peuples libérés, maîtres d'eux-mêmes, profitent du pouvoir conquis pour remédier à l'oppression économique dont ils continuent à souffrir, c'est très possible, et rien de plus naturel.

Mais, quoi qu'il en soit, la libération nationale est la préface nécessaire des libérations économiques.

Que les peuples soient d'abord; qu'ils se constituent en Etats autonomes; qu'ils agissent par eux-mêmes : c'est le premier commandement de l'histoire. Qui le méconnaît met la charrue avant les bœufs. Et sous prétexte de brûler les étapes, il fait perdre du temps à la malheureuse Europe. Il y a des problèmes qu'on n'élude pas. Il y a des sentiments qu'on n'éteint pas, même sous les douches les plus glacées de socialisme « scientifique ».

C. BOUGLÉ.

La rencontre des armées de Denikine et de Petloura

La rencontre des armées commandées par Denikine avec l'armée ukrainienne est incontestablement, par les suites qu'elle peut avoir, un événement de la plus haute importance.

De la question de savoir si Petloura et Denikine trouveront le moyen et la possibilité de s'accorder dépend le succès de l'œuvre de l'un et de l'autre. Si cet accord peut se faire, la lutte contre les bolcheviks dans le sud de la Russie prendra une force et une consistance qu'elle n'a jamais eues. Dans le cas contraire, il faut s'attendre à une prompte revanche des bolcheviks.

La question d'un accord entre Petloura et Denikine n'intéresse pas seulement ceux qui appartiennent à leurs camps et mettent leurs espoirs en eux. Il intéresse aussi les formations d'État qui mènent une lutte désespérée contre les bolcheviks. C'est le cas de la Kouban, du Don, de la Nordcaucasie, etc...

La Kouban y est tout particulièrement intéressée, et cela par deux raisons.

On a souvent l'idée que l'armée volontaire de Denikine est, par sa composition, ses fins et son esprit, une armée panrusse. Peu de personnes savent dans l'Europe occidentale que, pendant la première période de la lutte dans la Kouban et la Caucasie septentrionale, l'armée volontaire se composait essentiellement de troupes de la Kouban, mobilisées par le gouvernement de la Kouban. Ces forces n'ont été placées sous le commandement de Denikine que pour un but défini : la lutte contre le bolchevisme et la libération de la région. Dans la suite, quand la Kouban fut nettoyée des bolcheviks, son armée fut contrainte, sous la pression de causes connues, de demeurer sous le commandement de Denikine.

Actuellement, le noyau principal de l'armée volontaire est constituée par les forces de la Kouban et celles du Don, c'est-à-dire par des armées régionales qui poursuivent avant tout des fins d'intérêt régional et qui acceptent le commandement de Denikine dans la seule intention de lutter contre le bolchevisme. Sans ces deux forces, qui sont le ciment de l'armée volontaire et lui donnent sa combativité, cette armée n'a aucun sens.

Ces troupes ont certainement pris une grande part (sinon

la principale) à l'avance de Denikine vers l'Ukraine. Mais elles n'ont pas marché vers l'Ukraine, quels que fussent les buts de Denikine, avec des intentions agressives à l'égard du peuple ukrainien.

Ces troupes qui, pendant près de deux ans, ont mené une lutte désespérée contre les bolcheviks et supporté d'immenses sacrifices, ne pensent guère à se chercher de nouveaux adversaires.

Mieux encore : quand on connaît la population de la Kouban, on peut affirmer que son armée a marché vers l'Ukraine avec les sentiments les plus amicaux. Il ne pourrait en être autrement. Le peuple de la Kouban se souvient trop bien de la générosité de l'Ukraine à son égard, aux moments les plus difficiles de sa lutte contre l'anarchie. Jamais l'Ukraine n'a laissé passer l'occasion de lui prêter son concours, même au détriment de ses propres intérêts. Ces marques de sympathie ont renforcé la vieille amitié qui a toujours uni la Kouban à l'Ukraine. Aussi, dès la première période du mouvement de Petloura, à l'heure où beaucoup le traitaient de bolcheviste, les troupes de la Kouban firent connaître nettement qu'elles ne désiraient pas combattre les armées de Petloura, et le Territoire de la Kouban ne cacha pas sa sympathie pour ce mouvement.

A côté de ces relations qui trouvent partiellement leur explication dans la communauté d'origine nationale et de culture (la moitié des cosaques de la Kouban est d'origine ukrainienne), il faut mettre aussi la communauté des préoccupations politiques de l'heure présente. L'Ukraine et la Kouban sont toutes deux attaquées par le bolchevisme; toutes deux sont contraintes de lutter pour se défendre; toutes deux sont menacées par la réaction impérialiste russe; toutes deux refusent de concevoir leurs destinées futures autrement que dans l'indépendance nationale et la liberté intérieure.

C'est pourquoi le Kouban a toujours considéré l'Ukraine comme son alliée naturelle, comme un important facteur du mouvement d'émancipation nationale, comme la force d'avant-garde de ce mouvement.

Tout ceci explique pourquoi la Kouban et les autres nouveaux Etats nationaux doivent vivement ressentir les événements d'Ukraine. Chaque coup porté au mouvement national d'Ukraine est un coup porté aux autres nouvelles formations d'Etat.

On comprend aussi pourquoi la Kouban, dont les forces jouent un si grand rôle dans l'armée volontaire et qui a avec l'Ukraine les rapports indiqués plus haut, ne peut pas ne pas s'inquiéter des conséquences possibles de la rencontre de Denikine et de Petloura.

Ces inquiétudes sont d'autant plus naturelles que l'attitude passée de Denikine en Ukraine ne permet guère de belles espérances.

Le chef de l'armée volontaire continuera-t-il d'avoir une attitude d'hostilité à l'égard de l'Ukraine? S'il en est ainsi, s'il ne reconnaît pas la légitimité des revendications du gouvernement ukrainien, la situation peut devenir catastrophique.

Dans ce cas, le front anti-bolcheviste méridional, au lieu de se renforcer, risque de se rompre. Non seulement il sera impossible de coordonner l'action anti-bolcheviste, mais même on pourra craindre de voir les forces de la Kouban cesser de collaborer avec les forces de Denikine, ce qui mettrait en question l'existence même de l'armée volontaire.

Conséquences désastreuses pour tous, sauf pour les bolcheviks.

Car on peut affirmer avec certitude que les forces de la Kouban ne toléreront pas d'acte d'hostilité à l'égard de l'insurrection ukrainienne.

Mais si Denikine comprend enfin que le mouvement ukrainien n'est pas une manœuvre de quelques personnalités, qu'il n'est pas bolcheviste, et que la paix est impossible dans l'Europe orientale, si les revendications légitimes de l'Ukraine ne sont pas satisfaites, les perspectives de la lutte anti-bolcheviste s'éclairciront singulièrement.

Présentement, le mot décisif appartient à l'Entente. C'est d'elle que dépend la solution. Les événements de ces derniers temps ont démontré qu'on peut ne pas sympathiser avec le mouvement ukrainien, mais qu'il est impossible de le tuer.

Le fait de n'avoir pas reconnu cette vérité a mené, au commencement de cette année, à l'occupation de l'Ukraine par les bolcheviks.

La répétition de cette faute conduirait aux mêmes conséquences, avec cette différence que, cette fois, les bolcheviks ne se contenteraient pas d'occuper l'Ukraine, mais n'hésiteraient pas à occuper aussi et le Don et la Kouban et le Nord du Caucase.

A. NAMITOKOFF.

La République du Caucase du Nord

Historique de sa formation

Quand se produisit la débâcle russe, les peuples du Caucase du Nord, les derniers incorporés à l'empire moscovite après de sanglantes luttes séculaires, n'avaient pas encore oublié leur vie indépendante. Ces peuples, liés entre eux par les intérêts économiques, les liens de race, de culture et de croyance, la situation géographique et les destinées communes à travers les âges de l'histoire, au premier signe de la révolution russe, se mirent à la reconstitution de leur vie nationale et indépendante, que les Russes avaient brisée de façon violente par les massacres et les expulsions en masse.

A la première assemblée des Caucasiens, qui eut lieu en mai 1917 dans la ville de Vladicaucase, l'Union des Peuples du Caucase du Nord et du Daghestan fut officiellement conclue et on créa pour elle un organe exécutif sous le nom de Comité Central de l'Union des Peuples du Caucase du Nord et du Daghestan. Ce comité exécutif fit de son mieux pour faire régner l'ordre à l'intérieur et entretenir les meilleures relations avec les autres peuples caucasiens voisins immédiats, tels que les Georgiens et les Tartares d'Azerbaïdjan, malgré des contestations territoriales importantes.

Les Caucasiens, tout en prenant intérêt aux idées révolutionnaires, menaient en même temps une politique particulière, en vue de la création, sur leur propre territoire historique, de l'unité fédérative des peuples nord-caucasiens, afin de se procurer la possibilité de vivre conformément à leurs aspirations nationales. Mais le cours rapide de la révolution précipitait les événements, élargissait les perspectives, exigeait un vaste travail créateur et, par la force des choses, l'activité du Comité central des Caucasiens, qui s'était consolidé et qui avait augmenté en importance, dépassa les limites du mandat que lui avait donné la première assemblée des peuples nord-caucasiens. C'est pourquoi une seconde assemblée des délégués de l'Union des peuples caucasiens se réunit le 20 septembre 1917 à Vladicaucase pour délibérer sur les questions d'actualité et pour réviser les résolutions de la première assemblée. Entre temps, les Nogaïs et les Turkmènes du gouvernement de Stavropol qui, n'ayant pas eu le temps de s'incorporer à l'Union, avaient formé avec les Karanogaïs un arrondissement particulier, adhéraient également au Comité Central. Les Abkhases firent de même. La deuxième assemblée comprenait donc tous les peuples du Caucase du Nord fondus en une seule nation : les habitants de l'arrondissement du Daghestan et de Zakatal; tous ceux de la contrée du Terek : les Kabardiniens, les Balkares, les Ossetynes, les Ingouches, les Tchetchènes, les Koumiks et les Salataïs; les tribus de la contrée de la Kouban : les Karatchaïs, les Abasiens, les Circassiens, les Nougaïs, etc.; les habitants de l'arrondissement de Soukhoum : les Abkhases; les tribus des Steppes de la contrée du Terek : les Nogaïs et les Karanogaïs et celles de la province de Stavropol : les Turkmènes et les Nogaïs. Comme il appert de cette énumération, l'union des peuples caucasiens engloba, par voie de libre prononciation et sans contrainte aucune, un territoire important et exprima, sous une forme réelle, cette idée d'unification au nom de laquelle luttèrent Schamyl et ses partisans.

En dehors de la consolidation définitive de l'Union des Peuples du Caucase du Nord, la deuxième assemblée marque encore une nouvelle étape de leur organisation politique. Le Comité central des Caucasiens, qui avait déjà à son actif l'expérience d'un travail de responsabilité concernant l'organisation du pouvoir et de l'administration, proposa à la deuxième assemblée un projet de Constitution pour l'Union Caucasienne. Les bases fondamentales de ce projet se résument dans les articles suivants :

1) Les peuples du Caucase du Nord et du Daghestan forment une unité politique.

2) Dans les limites de l'Union, chaque peuple jouira d'une entière autonomie intérieure.

3) Pour la solution des affaires générales de l'Union sont créées des institutions législatives sous forme de Chambres : une Chambre basse, incarnant l'idée de la nation libre et composée de députés élus au nombre de un pour 30.000 hommes de population, et une Chambre haute, incarnant l'idée de l'Unité et composée de représentants des peuples au nombre de deux pour chacun.

4) Les membres des chambres législatives choisissent dans leur sein les représentants du pouvoir exécutif; celui-ci choisit un président qui remplit également les fonctions de chef de l'Union.

5) Il est établi un tribunal suprême dans les fonctions duquel entrera la régularisation des questions de la Constitution de l'Union, attendu qu'il lui est conféré le droit de se prononcer sur la conformité constitutionnelle tant des lois élaborées par les chambres législatives que sur les actes du pouvoir exécutif et d'autres parties intégrantes de l'Union.

Ce projet fut approuvé, et il fut décidé d'organiser, à mesure que le demanderaient les exigences de la vie, des institutions gouvernementales conformes aux principes arrêtés dans le projet et dont l'approbation définitive appartenait à l'Assemblée Constituante. Le Comité Central, formé de 15 membres, fut réorganisé et muni de vastes pouvoirs extraordinaires, afin de faire face à la plus dangereuse des situations.

Pour empêcher les chocs entre Cosaques et Caucasiens et faire face aux bolchevistes qui commençaient déjà à envahir les provinces méridionales de la Russie, les Caucasiens consentirent à faire partie de l'Union du Sud Est, formée par les Cadets et les Cosaques. Cette Union ne dura pas longtemps et les Caucasiens se trouvèrent seuls contre les bolchevistes et les russes du Caucase. Il faut avouer que dans cette lutte inégale, les Caucasiens n'ont pu obtenir aucun secours militaire des Transcaucasiens qu'ils préservaient du fléau bolcheviste. Les bolchevistes, aidés par les Russes du Caucase, purent conquérir les lignes principales de chemins de fer, mais ne purent pénétrer davantage dans la montagne et ne purent convertir les peuples caucasiens à leurs théories sociales, ce qui a empêché la pénétration des bolcheviks russes en Transcaucasie.

Les forces du Caucase du Nord se réorganisèrent peu à peu

dans le Daghestan. .S'appuyant sur ces forces, le Comité exécutif, transformé en Gouvernement provisoire et prenant en considération les conditions nouvelles qui se formaient dans le Sud et l'orientation des peuples transcaucasiens, azerbaïdjamien, arménien, géorgien, proclama l'indépendance du Caucase du Nord le 11 mai 1918 et commanda l'offensive contre les bolcheviks, pendant que ses délégués prenaient part à la Conférence de Batoum qui n'était que la continuation de celle de Trébizonde, à laquelle avaient déjà assisté des délégués nord-caucasiens.

Les troupes nord-caucasiennes, reformées dans le Daghestan et auxquelles s'étaient jointes des milliers d'hommes de tous les cantons, avaient repris peu à peu une grande partie des lignes de chemins de fer et les villes principales, quand survint l'armistice du 11 novembre 1918 qui arrêtait les opérations de la guerre générale.

Les troupes anglaises occupent alors Bakou et le commandant de ces troupes se présente en qualité de représentant de tous les Alliés et Associés en ce qui concerne les peuples de tout le Caucase.

Le général Thomson, commandant des troupes britanniques à Bakou et représentant des Alliés, par une lettre adressée au gouvernement nord-caucasien en date du 27 novembre 1918, reconnaît de fait ce gouvernement et lui recommande de continuer la lutte contre le bolchevisme en l'assurant que l'armée volontaire, que les Anglais étaient en train d'organiser sous le commandement du général Denikine, n'entreprendrait aucune action hostile contre la République nord-caucasienne, et qu'au contraire, cette armée volontaire serait l'alliée naturelle de l'armée nord-caucasienne dans sa lutte contre le bolchevisme.

Le gouvernement nord-caucasien, se fiant à cette déclaration officielle du général anglais qui représentait en même temps tous les Alliés, ne s'opposa plus à la formation de cette armée et permit, à travers son territoire, le transport d'armes, de munitions et d'équipements que le commandement britannique envoyait de Bakou à Ekaterinodar et ailleurs pour l'organisation de l'armée de Denikine. Chose curieuse, l'armée nord-caucasienne, qui est une armée républicaine et démocratique et dont la mission était d'extirper le bolchevisme du Caucase du Nord, ne recevait aucun concours de la part du commandant anglais, tandis que l'armée monarchiste et réactionnaire de Denikine était organisée exclusivement avec l'argent et les armements anglais.

A la fin du mois de janvier 1919,quand les milices du canton de l'Ingouchetie, sous le commandement d'officiers nord-caucasiens, eurent repris Vladicaucase et délivré les officiers anglais prisonniers des bolcheviks, après trois jours de sanglants combats, l'armée de Denikine, sur laquelle le commandement anglais nous avait donné des assurances, se présenta sur les territoires de la République nord-caucasienne et y commença des déprédations, des violences et des massacres qui dépassèrent certainement en cruauté les fusillades des bolchevistes et rappelèrent aux peuples nord-caucasiens les lugubres souvenirs de la conquête de leur pays par les armées de l'autocratie moscovite.

Naturellement, le gouvernement nord-caucasien proteste auprès du commandant anglais, agissant au nom des Alliés. Celui-ci répond que l'armée volontaire ne dépasserait pas une certaine limite. Malgré cette deuxième assurance, Denikine continue ses rapines, ses massacres et son avance sur le territoire de la République : protestations continuelles de la part du gouvernement nord-caucasien et assurances non moins continuelles de la part du commandement anglais à Bakou.

Enfin, l'armée de Denikine, après avoir mis à feu et à sang une grande partie du territoire de la république, arrive aux environs de Grosny. Le gouvernement républicain, voyant que les assurances du commandement anglais encourageaient Denikine au lieu de l'arrêter, décrète la mobilisation et s'apprête à lui résister.

A la fin de mars 1919, l'armée de Denikine est battue aux environs de Grosny : sa débâcle est imminente. Alors intervient le général anglais qui déclare au représentant de la République nord-caucasienne à Bakou, M. A. Kantemir, que les armées de la République nord-caucasienne ne doivent pas passer à l'offensive et n'ont qu'à se tenir sur la défensive, le commandement britannique prenant sur lui un arrangement entre Denikine et le gouvernement nord-caucasien.

Un armistice est conclu, mais le commandement anglais réorganise l'armée volontaire durant cet armistice qui sauve Denikine. Après vingt-trois jours de tergiversations, le commandement britannique propose aux Caucasiens un traité qui les livre complètement aux volontaires. L'armée de Denikine ayant reçu des renforts, son chef ne croit plus même nécessaire de respecter les clauses nouvelles que le commandement britannique imposait aux Caucasiens et pousse plus en avant ses déprédations et ses massacres. De sorte que, grâce à l'appui matériel et moral que le commandement anglais de Bakou a prêté à Denikine et les assurances non suivies d'effets de ce même commandement vis-à-vis du gouvernement démocratique et républicain de Nord-Caucasie, à l'heure actuelle, une partie du territoire des peuples nord-caucasiens, de ces peuples qui, certainement, de tous les Caucasiens, ont versé le plus de sang pour la conservation de leur liberté nationale, se trouve entre les mains des représentants de la réaction moscovite.

J. B.

Aperçu sommaire de l'Histoire

et de la

Situation politique de la Russie Blanche

La Russie-Blanche représente un vaste pays occupant un territoire de 300.000 kilomètres carrés avec une population de 14.075.000 âmes. Elle comprend les anciens gouvernements russes de Minsk et de Mohilew, la plus grande partie de ceux de Grodno, Smolensk, Vilna et Vitebsk, ainsi que quelques districts, où prédomine l'élément blanc-russien, des gouvernements voisins (Gouvernements de Courlande, de Kalouga, de Kovno, d'Orel, de Pskow, de Souvalki, de Tchernigoff et de Tver).

Le peuple blanc-russien partage avec les Polonais cette particularité d'être fixé à son sol depuis un temps immémorial. C'est une exception chez les Slaves, fréquemment nomades. Traditionaliste, il a conservé la mentalité des ancêtres, et, dans la mosaïque de peuples composant l'ancien Empire russe, il représentait le type le plus pur de la race slave.

Il tire son origine des anciennes tribus slaves des Dregovitchi, des Krivitchi et des Radimitchi, qui, jusqu'au XIV° siècle, vécurent isolées des autres peuplades, sur leurs terres, qui se divisaient alors en trois principautés : Smolensk, Polotzk-Vitebsk et Tourov-Pinsk.

Au XIV° siècle, les peuples blanc-russien et lithuanien se sont fédérés, grâce aux traités passés entre leurs chefs d'Etat, ainsi qu'aux mariages contractés entre les princes lithuaniens et les princesses des dynasties blanc-russiennes, et ils finirent par ne former qu'un seul Etat où prédominait l'élément blanc-russien.

Cette prédominance est attestée par ce fait que la langue blanc-russienne, dont les premiers monuments écrits datent du VII° siècle, fut adoptée par les classes cultivées et pour les actes officiels (Status lituaniens). Elle servit également quand, en 1518, on fit une traduction de la Bible.

En 1535, le Grand-Duché Lithuanien conclut, avec le roi de Pologne, une alliance personnelle qui dura jusqu'en 1569. A cette date, les trois Etats : polonais, blanc-russien, lituanien formèrent une union fédérative sur le principe de parfaite égalité.

Cet équilibre dura peu. Dès le commencement du xvii° siècle, les Polonais tentèrent obstinément de « poloniser » les Blanc-Russiens.

Ils proscrivirent leur langue de la législation, de la juridiction et de l'administration.

Pour se protéger contre leurs trop envahissants confédérés, les Blancs-Russiens cherchèrent alors un appui à l'étranger.

Ils crurent le trouver en l'impératrice Catherine II. Celle-ci, qui préméditait depuis longtemps le partage de la Pologne, saisit avec empressement l'occasion offerte de s'introduire dans les affaires intérieures des deux pays. Le prétexte fut la défense de la religion orthodoxe.

Il s'en suivit peu après les trois partages successifs des terres lituaniennes, blanc-russiennes et polonaises.

Au dernier de ces partages, en 1793, l'empire moscovite s'attribua la Russie-Blanche. Le malheureux pays échappait à un mal pour tomber dans un pire. Cette date marque le commencement de la période la plus sombre de son histoire.

L'autonomie la plus large lui avait été promise. On n'en tint aucun compte et, par tous les moyens, y compris la manière forte, le gouvernement russe chercha à assimiler la population blanc-russienne.

Cette persécution atteignit son apogée sous l'administration du comte Mouraviev, qui fut gouverneur général de 1870 à 1880, et elle continua sous ses successeurs.

La Russie-Blanche fut alors traitée comme une province de l'Empire. On lui refusa jusqu'à cette apparence de gouvernement local qu'était le zemstvo, privilège dont jouissaient cependant la plupart des gouvernements russes.

Le mouvement nationaliste, qui couvait sourdement, commença à prendre son essor entre 1840 et 1850, et, en 1905, on vit clairement quelle volonté d'indépendance et de liberté animait le peuple blanc-russien.

Ce même mouvement contribua largement à une renaissance de la littérature blanc-russienne. Mais la plupart des publications littéraires ne purent paraître que clandestinement, le gouvernement russe étouffant systématiquement toute velléité de réveil de la conscience nationale chez les « allogènes ».

Quand arriva la guerre de 1914, les Blancs-Russiens fournirent plus d'un million de soldats qui combattirent dans les rangs de l'armée russe, pour la cause commune.

La ligne du front de 1915 partageait la Russie-Blanche en deux parties. C'est dans cet état que la trouva la chute de l'Empire russe survenue en 1917.

Le mouvement nationaliste ne put donc se manifester que dans la partie Est de son territoire, l'autre moitié (côté Ouest) étant au pouvoir de l'Allemagne.

Pendant les mois qui suivirent la Révolution, de nombreux congrès et assemblées ont eu lieu, organisés par les différents partis blanc-russiens, pour affirmer leur volonté de liberté et d'indépendance.

Enfin, en décembre 1917, eut lieu à Minsk le Grand Congrès national comptant 2.000 députés, représentant toute la Russie-Blanche et exprimant librement la volonté de sa population.

Ce Congrès proclama l'indépendance de la Russie-Blanche et déféra le Pouvoir suprême à la Rada élue par lui. Cette dernière créa un Gouvernement Provisoire, comprenant un Conseil des ministres, qui doit gouverner le pays jusqu'au moment où sera convoquée la Constituante.

La partie Ouest du territoire, occupée par les Allemands, n'avait pu participer au Congrès national; elle trouva moyen, néanmoins, de convoquer, en janvier 1918, à Vilna, un Congrès qui adopta la résolution du Grand Congrès de Minsk, et envoya à la Rada ses représentants.

En mars 1918, eut lieu la première séance de l'Organe Suprême du pouvoir blanc-russien, à laquelle furent représentées les deux parties de la Russie-Blanche. Les 24 et 25 mars de la même année, dans une séance historique, la Rada proclama la République Démocratique et adopta une résolution protestant contre le traité de Brest-Litovsk.

Au printemps de 1918, les Allemands se sont avancés vers l'Est et ont occupé une partie du territoire Blanc-Russien. Mais vers l'automne de la même année, d'accord avec le Gouvernement des Soviets, ils ont cédé aux bolcheviks, au fur et à mesure, toute la Russie-Blanche, en restant eux-mêmes pendant un temps particulièrement long dans le gouvernement de Grodno.

Pendant tout leur séjour en Russie-Blanche, les Allemands avaient absolument interdit aux représentants du Gouvernement Blanc-Russien la moindre initiative dans le travail d'organisation de leur pays, ainsi que tout travail politique et administratif.

Ces fonctions étaient remplies ou par les pouvoirs allemands eux-mêmes, ou par les représentants de l'Etat nouvellement créé, par le traité de Brest-Litovsk, la Lituanie.

La seule chose que le Gouvernement Blanc-Russien réussit à faire au commencement de l'année 1919, fut la formation, à Grodno, d'un régiment d'infanterie blanc-russienne, qui se bat actuellement contre les bolcheviks, afin de débarrasser le pays de leur joug.

A Odessa, au commencement de cette année, a été également faite une tentative de former quelques unités militaires avec des éléments d'origine blanc-russienne provenant de l'ancienne armée russe.

Avec l'aide des autorités militaires françaises on parvint à organiser une brigade franco-blanc-russienne. Malheureusement, l'abandon inattendu d'Odessa par les troupes de l'Entente empêcha la continuation de ce travail.

Vers la fin du mois d'avril de l'année courante, les troupes allemandes ont évacué la partie Ouest du territoire blanc-russien. Elles sont remplacées actuellement par l'armée polonaise.

Le gouvernement polonais s'en sert comme d'un moyen lui permettant de réaliser son rêve ancien d'annexion du territoire blanc-russien.

Les forces polonaises qui, dans quelques endroits, sont en lutte avec les bolcheviks, occupent actuellement les gouvernements de Grodno et de Vilna, ainsi qu'une partie du gouvernement de Minsk.

Après avoir vaincu d'innombrables difficultés, le gouvernement de la Russie-Blanche réussit finalement à envoyer à Paris une Délégation chargée de défendre devant la Conférence de la Paix et les gouvernements de l'Entente les intérêts du peuple blanc-russien.

Quelques mois auparavant, cherchant à réaliser son idéal par n'importe quel moyen, la population blanc-russienne des gouvernements de Grodno et de Vilna, en présence de l'attribution de cette partie de son territoire à la Lituanie par les Allemands, envoya, pour la défense de ses intérêts, quelques représentants à la Tariba (Conseil d'Etat) Lituanienne.

Ces derniers, en acceptant de participer à la Tariba, n'ont pas manqué de faire savoir au gouvernement lituanien qu'ils considèrent cette collaboration commune comme la base d'une nouvelle Fédération entre la Lituanie et la Russie-Blanche, destinée à ressusciter l'ancien Etat lituanien-blanc-russien.

Un Congrès des représentants de la population des gouvernements de Grodno et de Vilna a eu lieu, les 9 et 10 juin 1919, à Vilna. Il confirma les pleins pouvoirs de la Rada de la République Blanc-Russienne et de son organe exécutif, le Conseil des Ministres ; il exprima sa pleine confiance au Gouvernement Provisoire, et adopta, en la confirmant, la résolution du Congrès National de toute la Russie-Blanche de 1917, par laquelle le peuple blanc-russien affirmait sa volonté de vivre libre et indépendant.

XXX.

DOCUMENTS

LE CONGRÈS SOCIALISTE INTÉRNATIONAL DE LUCERNE ET LES NOUVELLES RÉPUBLIQUES D'ORIENT

Déclaration du parti ouvrier socialdémocrate esthonien

Lucerne, 2 août 1919.

Lorsque la révolution glorieuse de 1917 donna aux peuples opprimés de l'ancien Empire des Tsars la possibilté de réaliser le droit de libre politique, idéal toujours mis en avant par l'Internationale socialiste, le peuple esthonien suivit immédiatement cet exemple, partant de l'hypothèse que la décision définitive de cette question devrait être soumise à l'assemblée nationale constituante esthonienne.

Cette assemblée nationale fut convoquée pour le 23 avril dernier et fut constituée d'après les élections générales, égales, directes et secrètes, selon le système proportionnel — sans faire aucune distinction de sexe, de nationalité et de religion, pour tous les habitants du pays, ayant plus de 20 ans. L'assemblée compte 120 délégués, dont 41 appartiennent au parti ouvrier-démocrate esthonien. Le premier président de l'assemblée nationale, le citoyen Auguste Rei, ainsi que le premier secrétaire, le citoyen Hans Vartna, sont sortis de notre parti. L'assemblée nationale siège à Reval, la capitale du pays.

C'est avec un plaisir tout spécial que la première assemblée esthonienne salue la décision de la Conférence internationale socialiste d'Amsterdam, par laquelle l'Internationale a reconnu l'autonomie de la République démocratique esthonienne et a informé de cette reconnaissance également la Conférence de la Paix à Paris et les gouvernements. Cette reconnaissance par l'Internationale a été pour nous d'une grande signification et tout spécialement parce qu'elle est la première qui ait été faite publiquement et sans réserves; maintenant nous sommes certains que l'Internationale nous soutiendra pour que nous puissions garder cette indépendance.

Après des consultations préalables, l'assemblée nationale esthonienne a confirmé cette indépendance lors de sa séance solennelle du 19 mai dernier et a proclamé le pays définitivement comme république démocratique. Cet acte historique a été accompli à l'unanimité de l'assemblée nationale.

L'indépendance du pays signifie la libération finale du peuple esthonien d'un esclavage politique, économique et culturel séculaire. De cette manière, elle pose la base d'un libre développement Toutes les couches du peuple esthonien ont un grand intérêt à défendre et à fixer l'indépendance politique. Pour cette raison donc, notre parti a participé depuis le début à la conquête de cette indépendance. Nous faisons déjà partie du gouvernement provisoire, et dans le gouvernement définitif qui succède immédiatement à la constitution de l'assemblée nationale, sur neuf ministres, quatre sont représentés par notre parti, mais il va sans dire que notre participation au gouvernement ne signifie pas une politique purement socialiste. Pour cela notre pays et notre peuple ne sont pas encore suffisamment avancés. Notre participation au gouvernement fixera d'une manière sûre les principes fondamentaux du socialisme dans la constitution de l'Etat, ainsi que des lois sociales déjà applicables aujourd'hui, et favorisera les bases nécessaires pour une socialisation progressive. Il est essentiel de préparer dès le début le terrain, pour développer les méthodes démocratiques.

Nous ne sommes aucunement convaincus que notre participation au gouvernement pourrait et devrait être de longue durée. Mais en tout cas, nous sommes bien décidés à poursuivre la politique qui conduit à assurer l'indépendance du pays, à réaliser les principes démocratiques, d'en finir avec la propriété féodale et ainsi d'ouvrir le chemin à la socialisation progressive.

II

Ce qui fait notre plus grand malheur, c'est que la guerre ait été introduite dans notre pays par les Soviets russes. À cause de la puissance des troupes d'occupation allemandes, il nous fut impossible d'organiser la défense du pays en temps utile et les armées rouges, parvinrent ainsi, depuis le commencement de janvier 1919, à occuper plus de la moitié du pays et à menacer la capitale, Reval. Poussée à la dernière extrémité, la population en état de porter des armes se souleva et se dirigea sur l'ennemi. Le succès ne se fit pas attendre. Lorsque l'assemblée nationale se réunit pour la première fois, le généralissime des troupes esthoniennes, Laidoner, eut le bonheur d'annoncer aux représentants que le territoire de la République avait été libéré presque complètement.

La paix n'a pas encore pu être conclue, parce que la puissance des Soviets russes n'a pas encore cessé de menacer continuellement le pays.

Après les terribles années de guerre et après le départ des troupes d'occupation allemandes, l'invasion bolchevique mis la république dans le plus grand malheur. Déjà au bord de l'abîme, le pays a été pillé complètement par les troupes rouges russes. Aussi, la famine régna. On enleva aux paysans les semences et les animaux de labour et d'élevage. Heureusement, l'Amérique et l'Angleterre nous envoyèrent des aliments, des semences et d'autres produits, de sorte que nous n'avons pas seulement échappé à la famine, mais la récolte sera en partie assurée. Le pays a à souffrir beaucoup de ce que les forces ouvrières les plus actives ont été soustraites à la production par la défense du pays.

Au commencement de juin, nous avions en outre à subir l'attaque de l'armée territoriale baltique. La caste des Junkers baltiques ne s'est pas encore considérée comme vaincue.

Nos Junkers sont soutenus avec le plus grand succès par les couches réactionnaires de l'Allemagne. Des cercles très influents auprès du gouvernement allemand favorisèrent le recrutement de volontaires pour cette armée territoriale. Le gouvernement allemand se chargea de les payer et de les équiper. Des divisions de troupes allemandes passèrent complètement équipées à l'armée territoriale baltique, qui fut en outre soutenue, lors de l'attaque, par des troupes régulières allemandes. Au commencement de juin, les troupes esthoniennes furent attaquées en Livonie lettone dans le but de faire une avance sur Alk et Dorpat, de faire tomber le gouvernement esthonien et l'assemblée nationale, comme ce fut le cas le 16 avril avec le gouvernement démocratique esthonien à Libau. L'armée territoriale baltique est une armée mercenaire, se composant surtout de volontaires et de déserteurs de l'empire allemand, recrutés par les éléments les plus réactionnaires. Et tout ce mouvement est soutenu par la noblesse baltique. Ces éléments réactionnaires conspirent avec la réaction russe. Le comte Von der Goltz Pacha, l'amiral Koltchak, le général Denikine, Judenitch, le prince Liven, sont des hommes de la même espèce et leurs intentions ne peuvent avoir pour but que la destruction de la révolution. Et ainsi l'Entente aide à la contre-révolution dans la mesure où elle soutient ces gens. Nous avons donc à craindre en premier lieu la réaction mondiale, favorisée par l'impérialisme de l'Entente.

L'assaut criminel de l'armée territoriale germano-baltique fut repoussée d'une façon complète par les troupes esthoniennes. Mais ces mêmes forces qui se concentrent maintenant sous le drapeau du général Judenitch, sont toujours une menace pour nous.

Dans cette situation extrêmement difficile, nous nous adressons de nouveau au prolétariat international et demandons à ses sections nationales d'exercer partout leur influence et spécialement dans les pays de l'Entente, pour que:

1° La République des Soviets russes cesse de menacer la république esthonienne, ce qui nous empêche de former un Etat national populaire.

2° Les éléments réactionnaires en Allemagne, en Russie et dans les pays de l'Entente soient démasqués et combattus.

3° L'impérialisme de l'Entente soit attaqué d'une manière plus énergique par les classes ouvrières de ces pays, afin de l'empêcher de soutenir la réaction mondiale.

Ce danger nous menace tout spécialement et il est de notre devoir d'attirer l'attention de l'Internationale sur ce fait. Nous espérons que les partis nationaux ne nous refuseront pas leur appui.

Vive l'Internationale !

Déclaration de la section ukrainienne

Les événements de ces dernières années ont montré de toute évidence ce qui n'était pas encore clair pour les grands théoriciens du socialisme, à savoir que la libération des peuples opprimés et la réglementation des rapports internationaux sont les conditions nécessaires préalables du progrès du socialisme, non seulement dans les *nations opprimées,* mais aussi dans les *nations dominatrices.*

L'oppression nationale et la lutte contre cette oppression éveillent toujours les protestations de la solidarité nationale, obscurcissent la conscience de classe et soumettent les intérêts sociaux aux intérêts nationaux. En conséquence, l'Internationale ne peut demeurer passive et indifférente à ces luttes. Dès maintenant, — et dans la suite par l'intermédiaire de la Société des Nations et dans la mesure où elle y aura de l'influence — l'Internationale doit contrôler les relations entre nationalités, être un juge et un arbitre dans les conflits nationaux et, par l'intermédiaire des partis socialistes affiliés, régler et apaiser ces conflits. C'est là un rôle peut-être difficile, mais inévitable, si l'Internationale veut être ce qu'elle doit être : *l'expression de la coopération des groupes socialistes dirigeant les masses travailleuses des divers peuples.* Ce qu'en attendent les nations opprimées par des gouvernements impérialistes, c'est que l'Internationale dise son mot sur cette injustice et ne renonce pas à le faire.

Elle doit notamment se prononcer sur les relations entre les diverses nationalités de l'Europe orientale, entre les Etats nouvellement formés sur le territoire de l'ancienne Russie et des territoires limitrophes d'Autriche, d'Allemagne et de Turquie.

C'est pourquoi nous attirons l'attention de la Conférence internationale socialiste de Lucerne sur les conditions dans lesquelles se pose le problème de l'Ukraine.

Une solution immédiate et juste de la question ukrainienne est devenue indispensable. Non seulement le sort d'un pays aussi grand et aussi riche (1), ayant une situation géographique unique, est de la première importance dans l'ensemble des difficultés présentes; mais encore la solution de ce problème est *la clef de la solution du problème général de l'Europe orientale.* En effet, si l'Ukraine redevient une partie de la Russie, l'existence des autres formations d'Etat sur le territoire de l'ancienne Russie devient illusoire. Quand, au contraire, l'indépendance de l'Ukraine sera garantie, la

---

(1) L'Ukraine est un pays d'environ 750.000 kilomètres carrés et de plus de 40.000.000 d'habitants, dont environ 75 0/0 d'Ukrainiens. Elle exporte du blé, du sucre, de nombreuses matières premières. Elle a de riches mines de houille, de fer, de manganèse, de pétrole, de phosphate, etc.

question de l'ancienne Russie impérialiste et réactionnaire sera certainement liquidée. C'est pourquoi les Ukrainiens posent toujours la question de leur indépendance comme une partie de ce problème général.

De leur côté, tous les défenseurs de la Russie unie et centralisée, qui, sous la pression des événements et des circonstances politiques, font des concessions aux autres pays et aux autres peuples, emploient toute leur énergie et tous leurs arguments contre l'autonomie de l'Ukraine ou la séparation de l'Ukraine d'avec la Russie. Ils répètent que les Ukrainiens sont un même peuple que les Russes; que le peuple ukrainien n'est pas conscient de sa propre nationalité; que tout le mouvement ukrainien n'est qu'une invention d'intellectuels soutenue par les étrangers et surtout par les Allemands; enfin, qu'au point de vue économique, l'Ukraine et la Russie ne peuvent être séparées. C'est pourquoi ils ont refusé toutes concessions non seulement aux revendications politiques des Ukrainiens, mais encore aux revendications spirituelles, comme, par exemple, celle de l'Ecole primaire.

Or, tous leurs arguments contre les aspirations ukrainiennes sont entièrement faux. Au point de vue anthropologique, les Ukrainiens et les Russes ne sont pas de même race (2). La langue ukrainienne est un dialecte slave, parallèle au dialecte russe, mais bien distinct et ayant sa propre histoire littéraire indépendante (3). La différence linguistique est si grande, que les enfants des villages ukrainiens ne parvenaient pas à s'assimiler le russe pendant les quelques années de leur fréquentation de l'école russe, de sorte qu'ils ne retiraient aucune instruction de leur scolarité.

Au point de vue anthropologique, au point de vue de la culture et même par sa langue, le peuple ukrainien diffère profondément du peuple russe. Même après une *cohabitation* étroite et prolongée, la population ukrainienne ne s'est pas assimilée à la population russe, comme par exemple près des frontières ethnographiques ou sur les territoires de colonisation mixte.

Historiquement et spirituellement, le peuple ukrainien s'est développé dans une union étroite avec l'Europe occidentale, de sorte qu'en comparaison avec la Russie, l'Ukraine a une culture occidentale.

Le mouvement national ukrainien s'est développé sans aucune influence politique étrangère. Il n'a jamais été systématiquement favorisé du dehors; au contraire, il a été presque partout persécuté. Et quand quelque force politique étrangère a voulu l'exploiter pour ses propres fins, cela a été éphémère et n'a joué aucun rôle important dans son développement. L'origine de ce mouvement doit être cherché dans la conscience nationale du peuple ukrainien, dans le souvenir des périodes d'indépendance nationale et dans son activité morale.

Créé dès le ix° et x° siècles par l'énergie des peuplades ukrainiennes, l'Etat de Kiev développa sa culture et influença toute

---

(2) Les publications de Deniker et sa carte anthropologique de l'Europe.
(3) Les mémoires de l'Académie des Sciences de Pétrograd.

l'Europe orientale. Le peuple ukrainien conserva sa vie politique propre jusqu'à la fin du xive siècle. Après la chute politique de Kiev, au xiiie siècle, le centre de cette vie se déplaça vers l'ouest, dans les pays de Galits et de Vladimir. La conquête polonaise suscita une violente opposition qui prit sa forme définitive dans le mouvement cosaque, qui contribua puissamment au développement national et social et aboutit à la formation de la République ukrainienne, qui fit union avec la Russie (1654) et défendit ses droits politiques jusqu'à la fin du xviiie siècle.

L'annulation, par le gouvernement russe, de l'autonomie ukrainienne garantie par le traité de 1654, fit naître un profond mécontentement dans les masses ukrainiennes et ce mécontentement contribua beaucoup au mouvement national qui devait avoir pour couronnement la restauration de la République ukrainienne dans ces dernières années.

La littérature ukrainienne, qui tire sa source de l'introduction du christianisme en Ukraine à la fin du xe siècle, entra à la fin du xviiie siècle, avec l'abolition de l'autonomie ukrainienne, dans une phase nouvelle qui dure encore. Elle fait usage de la langue ukrainienne orientale et c'est ainsi dans l'Ukraine orientale, libre de toute influence étrangère, qu'elle puise son énergie créatrice.

L'intérêt du peuple pour la littérature, la demande pressante qu'il en fait, les nombreuses pétitions pour la création d'écoles supérieures dans les villages dès le début de la révolution (1), tout cela démontre que la population ukrainienne tient sa langue pour l'instruction de son développement spirituel. L'intérêt de la population pour les problèmes de la vie sociale et politique, notamment l'autonomie et ensuite l'indépendance, et par la défense des droits nationaux, se manifesta d'une manière éclatante, surtout parmi les paysans.

Les circonstances historiques et la politique oppressive des gouvernements polonais et russe déracinèrent ou dénationalisèrent la bourgeoisie de l'Ukraine et mêlèrent aux masses ouvrières de nombreux éléments étrangers. La population ukrainienne fut ainsi réduite à devenir presque exclusivement paysanne (85 à 88 %), et c'est par conséquent l'attitude de cette masse paysanne qui décide du sort de tout le pays. Dans son ensemble, elle prit pour mots d'ordre : l'autonomie de l'Ukraine et la fédéralisation de la Russie (Congrès national ukrainien d'avril 1917); puis elle accepta le programme de la République ukrainienne et de l'indépendance nationale (novembre 1917 et janvier 1918). Cela se produisit après le coup d'Etat bolcheviste, quand disparurent les conditions obligeant les partis socialistes ukrainiens à s'opposer à l'indépendance et à insister sur les liens fédératifs avec les autres républiques de l'ancienne Russie pour conserver les conquêtes de la révolution, et quand tous les efforts des partis en vue de la fédération eurent échoué devant la tactique du gouvernement soviétique.

____

(1) Avant la Révolution il était défendu d'ouvrir des écoles, même privées de langue ukrainienne. Pendant la première année de la Révolution sur l'initiative de la population, il fut créé plus de 100 écoles supérieures de langue ukrainienne.

1° Les programmes des socialistes d'Azerbaïdjan, comme ceux de tous les socialistes de l'ancienne Russie, expriment deux courants:

a) Le programme du parti social-démocrate « Hummet » d'Azerbaïdjan, correspond à celui des socialistes-démocrates de Russie;

b) Le programme des socialistes-révolutionnaires correspond à celui des socialistes-révolutionnaires de Russie.

La différence entre les programmes des socialistes d'Azerbaïdjan et de ceux de Russie n'est pas une différence de doctrine, mais une différence de tactique politique.

Elle consiste dans la compréhension différente du droit de disposition des peuples sur le territoire de l'ancienne Russie.

Outre cela, il existe, en Orient, en particulier en Azerbaïdjan, d'autres conditions spécifiques qui exigent l'application d'une autre tactique dans la lutte pour la réforme sociale.

Qu'il suffise d'indiquer ici le peu de développement du capitalisme, survivance du régime féodal, et, plus avant en Asie, les formes despotique d'Etat. Il en résulte que les conditions d'existence du prolétariat sont différentes de celles de l'Europe occidentale.

C'est pour cette raison que nous croyons que, malgré l'identité des programmes des partis socialistes russes et de ceux d'Azerbaïdjan, il faut que les socialistes de cé dernier pays participent pour leur propre compte aux travaux des congrès socialistes.

2° Les deux partis susmentionnés d'Azerbaïdjan acceptent les principes de la deuxième Internationale..

3° Quant à l'histoire de ces deux partis, on peut la résumer comme suit: le parti ouvrier social-démocrate P. O. S. D. « Hummet » adhérait au parti social-démocrate russe P. S. D. R. Comme ce dernier, le parti « Hummet » est divisé en « Hummet » bolcheviste et « Hummet » mencheviste. L' « Hummet » mencheviste, avec le parti social-démocrate de Transcaucasie, était représenté au « Ceim » de Transcaucasie (voir la déclaration de Jordania au « Ceim »).

Après la proclamation d'indépendance de l'Azerbaïdjan, l' « Hummet » aussi a proclamé son autonomie, sous le nom de démocratie d'Azerbaïdjan..

Le parti socialiste-révolutionnaire musulman s'est constitué en décembre 1918 comme parti indépendant. Jusqu'à cette date, les membres de ce parti étaient dans les partis socialistes russes.

Sur la politique étrangère et sur les questions de tactique de politique intérieure, ces deux partis ont élaboré un programme d'action unique et, dans le Parlement d'Azerbaïdjan, ils ont formé une seule fraction socialiste.

4° L'organisation intérieure de ces partis est la suivante:

L' « Hummet » a des organisations dans les villes de Bakou,

Elisabethpol, Chemakha, Nouka, Kassakh, Kedahek (usine, Nakhit-chevan, etc. En dehors de l'Azerbaïdjan, l' « Hummet » a des orga-nisations à Tiflis et à Bortchalou. Toute l'organisation, avec ses trente comités régionaux, compte environ 10.000 adhérents. Ces renseignements sont approximatifs, car depuis janvier 1919, par suite des difficultés de communication, nous n'avons pas de ren-seignements plus amples. Mais il y a lieu de penser que, grâce à la propagande de nos camarades, le nombre des adhérents est bien plus grand à l'heure actuelle.

Le parti socialiste-révolutionnaire a également des organisations dans les grandes villes et dans les provinces. Les différentes sec-tions de ce parti étaient au nombre de 20, avec leur comité central à Bakou. En tout, ce parti compte 5.000 membres.

Il ne faut pas juger de l'importance du développement du socia-lisme uniquement par le nombre des adhérents aux partis; il faut prendre en considération le nombre des voix données à la liste socialiste pour la Constituante russe. Les socialistes musulmans ont obtenu 25 % de toutes les voix, soit environ 250.000 voix sur 1.000.000. Dans le « Ceim » de Transcaucasie, le nombre des dépu-tés socialistes musulmans était de onze (sur quarante députés musulmans).

Ainsi le développement socialiste en Azerbaïdjan a des racines profondes.

Il faut ajouter quelques mots sur la presse socialiste. Les socia-listes musulmans ont maintenant quatre organes périodiques: deux à Tiflis et deux à Bakou. A Tiflis: le *Gueladjak* (*L'Avenir*), dans notre langue maternelle, et le *Proboujdénie* (*Le Réveil*), en langue russe. A Bakou: la *Zaria* (*L'Aurore*), en russe, et l'*El Baïrak* (*Le Drapeau Rouge*), dans notre langue. D'autres renseignements plus détaillés seront envoyés ultérieurement.

En présentant ces renseignements, nous croyons que nos cama-rades de la Conférence de Lucerne nous donneront satisfaction et qu'ils permettront ainsi au prolétariat d'Azerbaïdjan de tra-vailler la main dans la main avec la démocratie mondiale.

- *Akper Cheih-Islamof, Mahomed Magneramof, Ishac Cheih-Zamanof* (Aadil).

Paris, le 10 août 1919.

Résolution générale sur l'indépendance des nations nouvelles

Votée à l'unanimité moins les voix des socialistes-révolutionnaires de Russie, qui se sont abstenus

L'Internationale se réjouit de voir renaître à l'indépendance des nations nouvelles qui échappent à la domination des Etats aux-quels elles étaient rattachées par la force, en Autriche et en Russie par exemple.

Mais l'Internationale constate que ni le traité de paix, ni le pacte de la Société des Nations, ne reconnaissent officiellement ces

indépendances nouvelles, émanées cependant de la libre volonté des peuples qui les forment. Toutes les créations sociales et politiques appelées à la vie par les jeunes Républiques comme en Arménie, en Esthonie, en Georgie, en Lettonie, en Lituanie, en Ukraine, au Caucase, sont fondées sur de larges bases démocratiques.

Les gouvernements de ces républiques sont si intensément et inséparablement liés à la population, que la Conférence de la Paix a dû les reconnaître en fait. Mais le caractère officiel de la reconnaissance manque encore à ces républiques, et elles sont dans l'impossibilité de nouer des relations internationales normales. Elles sont ainsi sous la menace constante d'un krach économique. Plus encore, elles sont perpétuellement menacées jusque dans leurs principes politiques par les forces de la contre-révolution.

En Russie, c'est Koltchak et Denikine qui les menacent et elles ont la douleur de voir les grandes démocraties alliées prêter le secours de leur argent, de leurs vivres, de leurs munitions à ces entreprises exécrables.

Il n'y a cependant pas d'autre politique de sécurité pour l'avenir que de faire partout confiance aux forces démocratiques, et de servir l'indépendance des peuples.

Sans doute, dans le grand mouvement de concentration économique moderne, la vie peut être difficile pour les petits peuples, tout autant que les grands empires centralisés ne peuvent se maintenir. Mais des fédérations de peuples *déjà* indépendants et ayant des intérêts communs ou voisins *pourront* se constituer librement, et l'Internationale voit dans cette fédéralisation le moyen d'écarter bien des malentendus et d'harmoniser bien des intérêts. L'Internationale recommandait autrefois la Fédération balkanique. C'est par des procédés de ce genre que les petites nations pourront échapper à l'emprise des grandes puissances et régler amicalement leurs rapports économiques et politiques.

Dans la Société des Nations, devenue sous sa forme parfaite la caution suprême de la paix, ces fédérations deviendront elles-mêmes des éléments d'équilibre entre les grandes forces qui se disputaient jusque-là le monde, et elles assureront l'égalité pour les petits peuples trop souvent victimes des conflits ou des ambitions rivales développés autour d'eux.

C'est en ce sens que l'Internationale demande instamment aux Gouvernements alliés de reconnaître immédiatement et officiellement comme indépendants tous les peuples qui ont exprimé leur volonté d'être libres et de les admettre comme tels dans la Société des Nations.

L'Internationale demande aux gouvernements alliés d'abandonner la politique qui consiste à sacrifier les petits peuples à l'alliance des contre-révolutions européenne et russe.

L'Internationale engage enfin le prolétariat et ses représentants dans les parlements, particulièrement chez les pays de l'Entente, à exercer une pression sur les gouvernements pour réaliser ces vues.

Résolution sur l'indépendance de la Lituanie

Votée à l'unanimité

La déclaration d'indépendance du peuple lituanien est pleinement conforme aux décisions des Congrès Internationaux sur le droit de libre disposition des peuples.

La Conférence Internationale demande à la Conférence à Paris et à toutes les puissances, de reconnaître l'indépendance du peuple et de la république de Lituanie.

Résolution sur l'indépendance de l'Ukraine

Votée à l'unanimité

La Conférence proteste contre le traité de Paris qui attribue des territoires purement ukrainiens à des Etats étrangers; elle proteste contre l'occupation et l'incorporation de la Galicie orientale à la Pologne; elle reconnaît l'indépendance complète et la souveraineté de la République ukrainienne et demande au Congrès de la Paix de reconnaître celle-ci et de l'admettre dans la Ligue des Nátions.

Résolution sur la Galicie Orientale

Votée à l'unanimité.

Considérant :

1. Que le Gouvernement polonais, avec l'appui actif, moral et technique de la Conférence de la Paix et des puissances de l'Entente, après une lutte violente contre l'armée ukrainienne, a occupé de force la Galicie Orientale.

2. Que cette guerre dirigée contre un pays qui, de l'aveu des impérialistes polonais eux-mêmes est en grande majorité peuplé d'Ukrainiens, a pour but de s'emparer, au nom de soi-disant droits historiques, d'un territoire avec ses richesses naturelles (mines de naphte, etc.).

3. Que, malheureusement, dans cette entreprise, le gouvernement réactionnaire polonais ne rencontre pas une résistance suffisante de la part de la démocratie polonaise.

4. Que le régime instauré en Galicie Orientale par le Gouvernement et l'état-major polonais, régime de terreur et de pogromes avec interdiction de la presse ukrainienne et de toutes les organisations non seulement politiques mais encore civilisatrices et économiques, entraîne la ruine définitive du pays et la suppression de toutes les libertés politiques de la population ukrainienne.

5. Que le mandat donné par la Conférence de la Paix au Gouvernement polonais pour l'occupation de la Galicie Orientale et

l'introduction de son administration civile, est un acte contraire au droit, la Pologne étant en même temps juge et partie.

6. Que tous ces actes sont en flagrante contradiction avec les principes fondamentaux de l'Internationale et avec les résolutions prises à la Conférence de Berne contre les annexions forcées.

La Conférence Internationale socialiste de Lucerne proteste contre la politique du Gouvernement polonais et des puissances de l'Entente en Galicie Orientale et demande que les armées d'occupation polonaises soient immédiatement retirées de la Galicie Orientale et que la question des frontières ukraino-polonaises contestées soit résolue par la libre consultation des populations intéressées.

Résolution sur l'indépendance de la Latvia

Votée à l'unanimité.

La déclaration d'indépendance du peuple letton est pleinement conforme aux décisions des Congrès Internationaux sur le droit de libre disposition des peuples.

La Conférence Internationale demande à la Conférence à Paris et à toutes les puissances, de reconnaître l'indépendance du peuple et de la République de Latvia.

Résolution sur les massacres d'Arménie

Votée à l'unanimité.

La Conférence Internationale, émue du recommencement des massacres des populations arméniennes, affirmant la nécessité de faire cesser cet outrage à l'humanité, déclare que le devoir des gouvernements qui siègent à la Conférence de la Paix est de prendre toutes mesures utiles pour mettre fin au système de barbarie et de violences individuelles, qui se perpétue dans les régions du Caucase. Elle leur demande, en attendant qu'une situation stable ait été établie et que la sécurité ait été assurée à tous les habitants de ces régions, sans distinction de race ou de religion, de maintenir le corps d'occupation britannique jusqu'à ce que son retrait soit décidé par la Société des Nations.

Résolution sur l'intervention en Russie

Votée à l'unanimité.

La Conférence renouvelle les protestations antérieures de l'Internationale, formulées autant par son Comité d'action que par ses sections nationales contre l'intervention des Gouvernements alliés en Russie.

Elle considère que la guerre étant terminée sur les fronts principaux, il est d'une politique particulièrement néfaste de ne pas chercher à la faire cesser sur tous les points où des conflits sont encore en cours.

En maintenant des troupes contre la Russie, les gouvernements alliés violent d'une façon flagrante le droit du peuple à disposer de lui-même. Si l'Internationale réserve pour des débats ultérieurs l'examen de la méthode de la dictature révolutionnaire, elle affirme que les gouvernements capitalistes, par leur politique, donnent toute raison de déclarer qu'ils ne combattent la Russie que parce qu'elle est en révolution. Par là, ils prolongent eux-mêmes les raisons de la guerre civile en Russie.

Il est donc du devoir de l'Internationale de défendre le prolétariat russe, qui, après avoir subi les violences du kaiserisme et du pangermanisme à Brest-Litovsk, a subi celles des Etats capitalistes de l'Entente.

La Conférence s'élève contre l'appui militaire et financier donné par les puissances alliées à la contre-révolution ayant à sa tête des agents tsaristes tels que Denikine et Koltchak, contrairement aux vœux unanimes de toutes les organisations ouvrières et socialistes de la Russie. Elle dénonce cette action comme un défi à la démocratie et une menace des gouvernements capitalistes à tous les partis socialistes.

La Conférence proteste contre le maintien du blocus, qui aboutit à affamer cent millions d'êtres humains, et les pousse au désespoir au profit de la contre-révolution qui bénéficie d'un ravitaillement systématique et exclusif.

L'Internationale compte sur les partis socialistes pour dénoncer et combattre par tous les moyens dont elle dispose, les conséquences d'une telle attitude et elle invite ses sections à faire pression sur les gouvernements alliés afin qu'ils retirent leur troupe de Russie, et pour qu'ils cessent de donner leur concours à toute politique de réaction quelle qu'elle soit.

La Conférence met donc toute sa force morale à la disposition du peuple russe violenté par l'étranger. Elle renouvelle sa demande d'aller, ainsi que c'est son droit, enquêter en Russie afin de renseigner le socialisme international et l'opinion publique sur tous les faits des luttes révolutionnaires, sur les différends entre les partis socialistes, sur les mesures contre-révolutionnaires et celles des militarismes étrangers en Russie, du militarisme allemand comme du militarisme de l'Entente.

La Conférence renouvelle sa décision d'envoyer une commission d'étude en Russie. Elle attache une importance spéciale à ce que cette commission recherche les causes des différends entre les divers partis socialistes, l'origine des répressions ainsi que la raison des conflits entre le gouvernement des Soviets et les gouvernements socialistes des Etats allogènes.

La Conférence compte que le gouvernement des Soviets se prêtera de bonne volonté à l'effort de clarté qui peut et doit être fait par la commission internationale, agissant dans un esprit impartial et fraternel à l'égard du prolétariat russe, pour son bien et sa sauvegarde.

Le Gérant : Gaston HUTIN.

Imp. LANG, BLANCHONG et Cⁱᵉ, 7, rue Rochechouart, Paris.